18,224.

ARREST
DU CONSEIL D'ETAT PRIVÉ
DU ROY,
DU 31. MAY 1706.

Rendu au Raport de MR Quentin de Richebourg, Maître des Requeftes; aprés en avoir communiqué à Meſſieurs le Pelletier de Souzy, Chauvelin, Voiſin, Dargouges de Rannes, l'Abbé Bignon, & Roüillé du Coudray, Conſeillers d'Etat.

Par lequel Adrien Reveillon, Donataire du Roy, & Damoiſelle Charlotte de Tirel d'Aſſy, ont eſté déboutez de la Demande en caſſation contre l'Arreſt du Grand Conſeil, du trentiéme jour d'Aouſt 1704. qui a declaré l'Arreſt de la Cour des Aydes du vingt-neuf May 1702. contraire à l'Arreſt du Parlement de Paris, du dix-neuf Juin 1660. & ordonné qu'il ſeroit executé ſelon ſa forme & teneur, & leſdits Reveillon & Charlotte de Tirel d'Aſſy, condamnez chacun en l'amende de quatre cens cinquante livres, & en tous les dépens envers les Religieuſes du Monaſtere Royal de Sainte Eliſabeth, & du Sr Henry Joly, Brigadier des Armées du Roy.

Me PREAUDEAU, Avocat d'Adrien Reveillon.
Me GARANGER, Avocat de Charlotte de Tirel.
Me BROSSART, Avocat des Sieurs Dufreſne.
Me ADAM, Avocat de Damoiſelle Magdelaine Bonnet de la Moſle.

Me DE LA VILLE DUPORTAULT, Avocat des Religieuſes.
Me DE ROUVROY, Avocat du Sieur Joly.

18224

SOMMAIRE DU SUJET DU PROCES
qui dure depuis 75 ans.

FAIT.

Damoiselle Marie Guillemot, femme de Lambert le Clerc, Ecuyer-Sieur de Salnauve, par son Testament du 12. Aoust 1631. a desiré estre inhumée dans l'Eglise des Religieuses de Sainte Elisabeth, elle leur a legué la somme de 1500 livres, afin qu'elles ayent soin de prier Dieu pour le salut de son ame.

Elle a legué à Damoiselle Anne le Mercier, femme du sieur le Fevre, Substitut de Mr le Procureur du Roy du Chastelet 1500 livres, aux droits de laquelle lesdites Religieuses sont, ayant sa petite fille Religieuse audit Monastere.

Elle a legué à Jean le Clerc, Ecuyer-Sieur de Salnauve, frere de son mary, la somme de 6000 livres avec toûs & chacuns les biens meubles & autres choses reputez meubles.

Elle a legué à Jacques le Clerc de Salnauve son neveu, fils dudit sieur Jean le Clerc la somme de 1500 livres.

Le sieur Henry Joly est aux droits & represente comme heritier lesdits sieurs le Clerc, à cause de Damoiselle Magdelaine le Clerc, sa mere.

Tous lesquels legs la Testatrice veut & entend estre pris sur une Obligation de 12000 livres qu'elle a mis entre les mains de Maistre Martin Guillemot son frere, Commissaire ordinaire des Guerres, à elle deuë par Charles de Tirel, Ecuyer sieur d'Assy, laquelle elle veut estre mise entre les mains de son Executeur, pour fournir à l'execution de son Testament.

Et pour l'executer, la Testatrice a nommé & élû pour Executeur Lambert le Clerc son mary, auquel elle a donné pouvoir d'iceluy executer & accomplir de point en point, selon sa forme & teneur, se dessaisissant de tous ses biens és mains de son Executeur, jusqu'à l'entier accomplissement de son Testament.

La Damoiselle Guillemot a esté inhumée dans l'Eglise des Religieuses le 18 Aoust 1631.

Le 17. Decembre 1631. les Religieuses ont obtenu Sentence au Chastelet, contre le sieur de Tirel d'Assy qui la reputé debiteur, & fait d'autres diligences, inutiles de rapporter icy.

Le sieur Nicolas de Tirel, sieur de Prain, frere dudit Charles de Tirel, a fait une Transaction avec ledit Charles de Tirel le 8. Juin 1630. par laquelle Nicolas de Tirel s'estoit obligé de payer audit Charles de Tirel 1250 livres de rente, & luy avoit cedé une Maison à Reims de valeur de 20000 livres.

Le sieur Martin Guillemot frere unique & seul heritier de ladite Damoiselle Marie Guillemot, conformement à son Testament, auroit delivré & mis entre les mains de Lambert le Clerc, Executeur du Testament de ladite Guillemot, l'Obligation de 12000 liv. & une Sentence du 15. Fevrier 1631 que ladite Guillemot avoit obtenuë contre ledit sieur de Tirel qui le condamnoit par corps à payer ladite somme de 12000 livres & interests.

Le sieur Claude de Tirel, pere des sieurs Nicolas & Charles de Tirel ayant esté Fermier General des Gabelles de le sieur du Boulé-Favier & Herouard, envers lesquels estant reliquataire, le sieur Herouard auroit fait saisir réellement tous les biens du sieur Claude de Tirel, même la maison de Rheims qui avoit esté donnée à Charles de Tirel, & porté cette saisie à la Cour des Aides.

Les choses en cet estat Lambert le Clerc en qualité d'Executeur testamentaire & en consequence de la délivrance réelle & tradition qui luy avoit esté faite de l'Obligation par l'heritier, & comme mandataire & Procureur desdits Legataires, suivant la Loy 1. au ff. *mandati vel contra*, dés le 11. Mars 1632. à saisi & obtenu Sentence le 21. Janvier 1633. par laquelle ledit Nicolas de Tirel a esté reputé debiteur dudit Charles de Tirel son frere, & comme tel condamné à payer audit Lambert le Clerc la somme de 12000 liv. pour laquelle la saisie a esté faite avec le profit & interest, suivant l'Ordonnance adjugez contre ledit sieur de Tirel d'Assy par la Sentence du 15. Fevrier 1631.

Le 28. Fevrier 1633, Lambert le Clerc, Executeur testamentaire auroit fait

Acte de nantissement sur la maison de Rheims & opposition aux criées le 10. Mars 1633. obtenu Sentence le 31 Mars 1635. aux Requestes du Palais, qui ordonne qu'il sera colloqué pour la somme de 12000. liv. & interests. Emprisonné ledit Charles de Tirel en 1641. faute de payement de ladite somme de 12000 l. & interests, lequel auroit obtenu des Lettres de rescision le 14 May 1642. contre son Obligation, qui n'ont pû empêcher que Lambert le Clerc en qualité d'Executeur testamentaire n'aye saisi réellement le 10. Novembre 1653. la maison de Rheims, de laquelle saisie réelle Charles de Tirel auroit interjetté appel, & après avoir interjetté appel des Sentences de mille six cens trente-un & 1633. formé un conflict de Jurisdiction au Conseil privé, sous le nom de la Dame du Boullé-Favier, où il est intervenu Arrest contradictoire le 28. Juin 1659. entre ladite Dame, le sieur du Boulé-Favier son fils, Intervenant, Charles de Tirel & Lambert le Clerc.

Par lequel le Roy faisant droit sur l'Instance, à renvoyé lesdits le Clerc & Charles de Tirel en la cinquiéme Chambre des Enquestes, pour y proceder sur les appellations des Sentences du Prevost de Paris du 15. Fevrier 1631 & 21. Janvier 1633, & Lettres de rescision du 14. May 1642 suivant les derniers erremens, & en ce qui concerne la saisie & criées des biens, même des maisons sises à Rheims appartenantes audit de Tirel, pendant en la Cour des Aides; Sa Majesté à renvoyé lesdites Parties en ladite Cour des Aides, pour y proceder sur lesdites saisies & criées, ventes & adjudication par Decret, suivant les derniers erremens; sauf audit le Clerc à s'y pourvoir par opposition, afin de conserver ainsi qu'il avisera bon estre, sans dépens entre lesdites Dame du Boulé-Favier & Intervenant & le Clerc; lesquels toutesfois seront employez en frais extraordinaires de criées, condamne ledit Charles de Tirel aux dépens.

En execution de cet Arrest Lambert le Clerc a fait retenir en la cinquiéme Chambre des Enquestes la connoissance des differens des Parties, par Arrest du 15 Juillet 1659.

Enfin est intervenu le 19. Juin 1660 Arrest contradictoire en la cinquiéme Chambre des Enquestes entre Lambert le Clerc, en qualité d'Executeur testamentaire, & Charles de Tirel appellant de la saisie réelle, & incidemment demandeur en Lettres de rescision, &c. par lequel le Parlement faisant droit tant sur les appellations qu'incident de Lettres, a mis & met les Parties hors de Cour & de procés sans dépens: pourroit néanmoins ledit le Clerc employer ceux par luy faits, ensemble les frais dudit Arrest en frais extraordinaires de criées.

Arrest du Parlement du 19. Juin 1660.

Par cet Arrest le Parlement a jugé diserement que l'Executeur testamentaire après l'année finie de son execution testamentaire, avoit pû continuer ses poursuites pour le payement de l'Obligation en faveur des Legataires pour executer le Testament; & a confirmé l'Obligation, les Sentences de 1631 & 1633, (en déboutant Charles de Tirel de ses Lettres de rescision,) & la saisie réelle faite en vertu de ces mesmes titres étant impossible de confirmer l'effet sans confirmer la cause.

Lambert le Clerc en consequence de l'Arrest du Conseil du 28. Juin 1659, & de celuy du Parlement du 19. Juin 1660. a formé & réïteré après l'opposition de 1633. deux oppositions aux criées des biens, à la Cour des Aides, les 12 Janvier 1665, & 7. May 1666, tant pour le principal de 12000 l. qu'interests, frais & dépens, & est décédé en 1667. Le sieur Henry Joly, son heritier & de Jean & Jacques le Clerc, legataires, a repris les poursuites contre Charlotte de Tirel, fille & heritiere de Charles de Tirel.

Après plusieurs Arrests & procedures, est intervenu Arrest contradictoire à la Cour des Aides le 8. Aoust 1684, qui a appointé les Parties en droit, & l'Instance distribuée à Mr Esmery, Conseiller.

Dans cette Instance Charlotte de Tirel a fait intervenir les sieurs du Fresne, créanciers du sieur Charles de Tirel son pere, d'une rente de 200 livres de l'année 1655, & leur a fait interjetter appel de la Sentence du 15 Fevrier 1631 soixante ans après qu'elle a esté renduë.

Le sieur Eustache Bonnet fils, Baron de la Mosle son cousin, est aussi intervenu ayant obtenu en 1690 le don du Roy des biens de Marie & Martin Guillemot, par desherance.

La Damoiselle de Tirel a fait encore intervenir Adrien Reveillon, sous le nom duquel elle avoit obtenu en 1692, par desherence, le don du Roy des biens de Marie & Martin Guillemot, qui n'a paru à la Cour des Aides que huit ans après le don obtenu.

Les Religieuses de Sainte Elisabeth qui avoient cedé & transporté leurs droits en 1679. au ſieur Perdriſet Avocat au Conſeil, conjointement avec Anne le Mercier, pour s'exempter d'un gros procés, lequel aprés avoir fait un Acte d'oppoſition le 28. Février 1688, aux criées de la Cour des Aides, s'en eſt allé demeurer en Lorraine, à l'inſceu des Religieuſes, & aprés 12 ans eſt revenu à Paris, & a retrocedé le transport auſdites Religieuſes, leſquelles ont eſté reçuës Parties intervenantes en l'Inſtance de la Cour des Aides, par Arreſt contradictoire du 3. Juillet 1699. nonobſtant les défenſes par écrit du 20 Juin 1698, données à la Cour des Aides par Charlotte de Tirel, par leſquelles elle a ſoûtenu que les Religieuſes n'avoient point inhumé ladite Damoiſelle Guillemot dans leur Egliſe, & que leur legs eſtoit preſcrit, ce qu'elle auroit encore ſoûtenu à l'Audience; par lequel Arreſt il leur a eſté donné Acte de la repriſe qu'elles faiſoient des oppoſitions formées par Lambert le Clerc, Executeur teſtamentaire, & par le ſieur Perdriſet leur ceſſionnaire.

Elle a eſté inhumée le 18. Aouſt 1631.

Moyens de Charlotte de Tirel à la Cour des Aides.

La Damoiſelle de Tirel dans cette Inſtance, a prétendu que l'Executeur teſtamentaire n'avoit qu'un an pour executer le Teſtament, & que toutes les pourſuites qu'il avoit faites eſtoient nulles, & ne pouvoient ſervir aux Legataires, qui n'avoient point fait de demande en délivrance de legs, qu'ils eſtoient preſcrits, que la qualité d'Executeur teſtamentaire n'eſtoit point tranſmiſſible à l'heritier, que les Legataires n'avoient point repris les oppoſitions & pourſuites de Lambert le Clerc, & que ſuppoſé que les Legataires puſſent ſe ſervir des pourſuites de Lambert le Clerc, il faudroit qu'ils euſſent, auſſi-bien que les donataires du Roy, repris en ſon lieu les pourſuites qu'il a faites; mais perſonne (ſuppoſé-t-elle) n'ayant fait de repriſe au lieu de Lambert le Clerc, ils eſtoient tous non-recevables.

L'Arreſt contradictoire du 3. Juillet 1699. leur donne Acte de leur repriſe.

Réponſes des Religieuſes & du Sieur Joly.

Que Charlotte de Tirel étoit une debitrice qui ne pouvoit exciper du droit d'un tiers, que l'Executeur teſtamentaire pouvoit continuer ſes pourſuites, n'ayant pû executer le Teſtament dans l'année par les chicanes de Charles de Tirel qui ont duré juſqu'en 1667, jour du décés de Lambert le Clerc, qu'il y a pluſieurs Arreſts qui ont jugé que l'execution teſtamentaire ſe continuë tant que l'Executeur n'a point de fond en ſes mains pour executer le Teſtament, & que l'on a chicané perpetuellement pour ne point payer l'Obligation qui eſtoit l'effet deſtiné pour payer les legs.

Qu'il n'y a point eu de preſcription dans les legs, & qu'il n'a point eſté neceſſaire d'autre delivrance de legs que celle qui a eſté faite par Martin Guillemot, heritier de Marie Guillemot, par la tradition de l'obligation qui eſtoit un effet mobilier, la ſucceſſion s'étant acquittée par cette tradition.

Que les Religieuſes, & Anne le Mercier, avoient meſme fait une demande en delivrance en 1642, qui avoit eſte interrompuë par les Lettres de Réciſion & Conflit de Juriſdiction, cette demande n'eſtant pas meſme neceſſaire, l'obligation eſtant un effet mobilier, qui avoit eſté delivré à l'Executeur teſtamentaire, conformément au Teſtament, pour accomplir iceluy.

Que l'Executeur teſtamentaire a dû & pû faire toutes les pourſuites comme Mandataire.

Que l'obligation ayant eſté leguée & deſtinée pour payer les legs, & delivrée par l'heritier, il n'a pas eſté neceſſaire d'autre delivrance.

Toutes ces propoſitions alleguées dans l'Inſtance de la Cour des Aydes, ſont des principes de droit coûtumier, répanduës en differentes Coûtumes : Celle de Melun, article 154, Sens, article 177, Auxerre, article 234, & pluſieurs autres, portent que l'Executeur teſtamentaire eſt en droit de ſe faire payer du contenu aux obligations, & autres dettes actives mobiliaires de la ſucceſſion, ſans appeller l'heritier.

Melun, article 154. peut l'Executeur teſtamentaire, recevoir ſans l'heritier les dettes du defunt, dont les Obligations ou Cedules luy auront eſté baillez. La meſme Coûtume de Melun en l'article 249, porte qu'en matiere de meubles & choſes mobiliaires, elles peuvent eſtre delivrées par l'Executeur du Teſtament.

Et celle de Vermandois en l'article 64, ajoûte que l'Executeur teſtamentaire ſe peut payer par ſes mains du legs mobilier à luy fait.

Deſquelles diſpoſitions, il reſulte que Lambert le Clerc Executeur teſtamentaire, & par luy les legataires, dés l'inſtant du décés, ont eſté ſaiſis de l'Obligation de 12000. livres, & des intereſts, comme n'en eſtant que l'acceſſoire, d'autant plus que c'eſt l'Obligation meſme qui a eſté leguée pour eſtre partagée entre les differens legataires.

Que par Arreſt contradictoire du trois Juillet 1699, il a eſté donné acte aux Religieuſes de la repriſe qu'ils ont faites des oppoſitions de Lambert le Clerc & de Perdriſet, & par conſequent ils ont repreſenté parfaitement Lambert le Clerc Executeur teſtamentaire; & ſuivant le raiſonnement fait par Charlotte de Tirel dans ſa Requeſte du 13 May 1701, toutes les pourſuites & diligences dudit Executeur ont ſervy & eſté faites pour les legataires qui en doivent profiter, puiſqu'ils ont repris les oppoſitions & pourſuites de l'Executeur.

Que l'appel des Sieurs Dufreſne, creanciers de Charles de Tirel de l'année 1655, de la Sentence du 15 Fevrier 1631, aprés 60 ans qu'elle a eſté renduë & paſſée en force de choſe jugée, & eſtant les ayans cauſe dudit de Tirel, eſtoit illuſoire & contre toutes les Regles & Ordonnances.

Que les Donataires du Roy eſtoient non-recevables en leurs demandes, leurs dons obtenus en 1690 & 1691, plus de 60 ans aprés la ſucceſſion ouverte. Il y avoit preſcription contr'eux, puiſqu'il eſt certain que le droit de desherence eſtant un fruit & un droit caſuel & particulier eſt preſcriptible par 30 années ſuivant les ſentimens de Baquet, du Moulin, Dargentré, Chopin & pluſieurs autres qui ont eſté du meſme ſentiment, & ont eſtimé que ce ne pouvoit pas eſtre la matiere d'une queſtion, & que meſme ils n'ont obtenu leurs dons qu'à la charge de payer & acquitter les dettes & charges eſtant ſur leſdits biens.

A l'égard du Sieur Joly la repriſe a eſté conſtante, il a procedé avec Charlotte de Tirel & Magdelaine de Tirel durant 30. ans, ſon acte de repriſe ayant eſté égaré, il en a fait un le 29. Avril 1702. en tant que beſoin eſt ou ſeroit.

Charlotte de Tirel a elle-meſme fait aſſigner la veuve & heritiers de Lambert Leclerc pour reprendre les oppoſitions & inſtances.

Que par Arreſt contradictoire du 13. Juin 1684. il a eſté ordonné que le ſieur Joli rapporteroit les pieces juſtificatives de ſa creance, & juſtifieroit de la confuſion faite en ſa perſonne des deux qualitez d'heritier de l'executeur teſtamentaire & du Legataire univerſel de Marie Guillemot, & qu'il avoit agi en ces deux qualitez. Le Sieur Joly a ſatisfait à cet Arreſt. en juſtifiant de ſes titres, & qu'il eſtoit heritier de Lambert Leclerc executeur & des Sieurs Leclerc Legataires.

Aprés vint-quatre vacations de grands Commiſſaires eſt intervenu Arreſt à la Cour des Aydes le 29. May 1701. contre l'avis de Mᵉ Emery Raporteur, & trois de Meſſieurs, l'Arreſt énoncé dans la page 3. recto de l'Arreſt du Conſeil d'Etat du 31. May 1706. cy-aprés.

Arreſt de la Cour des Aydes 29. May 1701.

Cet Arreſt eſtant directement contraire à l'Arreſt du Parlement du 19. Juin 1660. qui a débouté Charles de Tirel de ſes Lettres de réciſion qu'il avoit obtenuës contre ſon obligation de 11000. livres, ayant eſté condamné de payer cette ſomme & les intereſts à l'Executeur teſtamentaire, & l'Arreſt de la Cour des Aydes en ayant déchargé Charlotte de Tirel à la faveur de l'Appel interjetté par les Sieurs Dufreſne de la Sentence du 15. Fevrier 1631. que l'on a infirmée, tant pour le principal qu'intereſts. Cette contrarieté manifeſte & ſenſible a obligé leſdites Religieuſes & le Sieur Joly de ſe pourvoir au Grand Conſeil en contrarieté d'Arreſt.

Contrarieté d'Arreſt.

Le Grand Conſeil par l'autorité primitive qu'il a plû à nos Rois luy attribuer pour juger les contrarietez d'Arreſt de differentes Cours par ſes Edits & Declarations de 1497. 1552. & 1557. à laquelle le Roy regnant par l'article 34 du titre 35. de ſon Ordonnance de 1667. n'a point voulu donner atteinte, en luy conſervant en ſon entier la meſme autorité à l'égard des jugemens qu'il rend ſur les contrarietez d'Arreſts émanez en differentes Cours auſſi par ce terme (ſauf à ſe pourvoir en noſtre Grand Conſeil) porté en l'article 34. la meſme Ordonnance luy a conſervé un pouvoir independant de juger les meſmes contrarietez; ainſi qu'il luy a eſté accordé par ſon inſtitution.

Le Sieur Joly & les Religieuſes ont obtenu au Grand Conſeil le 5. Janvier 1703. une commiſſion ſur le rapport de Monſieur de Hauteville Conſeiller pour y faire aſſigner Charlotte de Tirel, Adrien Reveillon & conſors ſur la contrarieté, & par ladite commiſſion il a eſté fait défenſes aux parties de mettre à execution les Arreſts du Parlement du 19. Juin 1660 & celuy de la Cour des Aydes du 29. May 1701. juſqu'à ce qu'autrement par le Grand Conſeil en eut eſté ordonné.

Charlotte de Tirel, Adrien Reveillon & conſors ont deffendu amplement à la contrarieté d'Arreſt.

Le Sieur Joly & les Religieuses ont soûtenu que les Arrests estoient rendus en differentes Cours, que c'estoit mesme fait, mesmes moyens & mesmes parties.

Au Parlement Charles de Tirel & Lambert Leclerc executeur testamentaire estoient parties, & à la Cour des Aydes Charlotte de Tirel fille & heritiere de Charles de Tirel, le Sieur Joli heritier de Lambert Leclerc & de Jean Jacques Leclerc Legataires, les Religieuses Legataires, les Sieurs Dufresne creanciers estans, ayans cause de Charles de Tirel, les Donnataires estoient des parties subordonnées à Lambert Leclerc, qui bien loin de combattre les jugemens & Arrests par luy obtenus, ils pretendoient en profiter.

Charlotte de Tirel, Reveillon & consorts ont soûtenu que ce n'estoit point mesmes parties, mesmes moyens & mesme fait.

Aprés quatre audiances l'affaire a esté appointée au Grand Conseil au rapport de Mr Dubois de Courceriers, & aprés huit vacations est intervenu Arrest contradictoire sur les conclusions de Mr le Procureur General le 30 Aoust 1704.

Arrest du Grand Conseil du 30. Aoust 1704.

Par lequel le Grand Conseil faisant droit sur l'Instance a declaré l'Arrest de la Cour des Aydes du 19. May 1701. contraire à l'Arrest du Parlement de Paris du dix-neuviéme Juin 1660. ce faisant ordonne que ledit Arrest du Parlement sera executé selon sa forme & teneur, dépens compensez, & par un retentum il a esté arresté que les épices, couts & frais de cet Arrest seront payez par ladite de Tirel, Reveillon, les Dufresne & Bonnet de la Mosle.

Auparavant que cet Arrest aye esté levé ni signifié, Charlotte de Tirel sous le nom d'Adrien Reveillon s'est pourvûë au Conseil Privé en cassation dudit Arrest, sa Requeste a esté introduite au Bureau de Mr le Pelletier, & a surpris au rapport de Monsieur le Camus un Arrest le 6. Octobre 1704. de soit assigné au Conseil où toutes les parties ont comparu.

Moyens de cassation de Reveillon & de Charlotte de Tirel.

Que l'Arrest du Grand Conseil estoit formellement contraire aux articles 32. 34. 37. & 40. du titre 35. de l'Ordonnance de 1667.

Que le Grand Conseil avoit jugé le rescisoire en ordonnant que l'Arrest du Parlement du 19. Juin 1660. seroit executé selon sa forme & teneur, & qu'il estoit entré dans les moyens du fond.

Les Religieuses de Sainte Elisabeth & le Sieur Joly ont soûtenu les Demandeurs en cassation ne proposoient que des griefs & un mal jugé.

Que les articles de l'Ordonnance par eux rapportez, n'avoient point d'application aux contrarietez d'Arrests dont le Grand Conseil estoit Juge souverain par son attribution primitive, que la loy faite pour les Requestes civiles ne pouvoit estre opposée pour les contrarietez, & d'avoir jugé que l'Arrest du Parlement seroit executé, ce n'est point avoir jugé le rescisoire. Il n'y a point de rescisoire à juger dans les matieres de contrarieté, & il est tres-regulier en declarant que le dernier Arrest est contraire au premier, d'ajoûter que le premier sera executé, parce que c'est une suite necessaire de la Declaration de la contrarieté, cela est d'usage au Grand Conseil & le premier Arrest se doit executer de droit.

A quoy on pouvoit ajoûter, (*par une raison surabondante,*) qu'un jugement rendu par le Grand Conseil sur une contrarieté d'Arrests émanez de differentes Cours ayant encore plus de force & d'étenduë qu'un Arrest intervenu sur le rescindant ou rescisoire d'une Requeste civile est moins sujet à cassation, & comme par l'article 41. du titre 35. de l'Ordonnance de 1667. sous pretexte de contravention aux Ordonnances, il n'y a plus de voye de se pourvoir contre un Arrest rendu sur le rescindan, ou rescisoire d'une Requeste civile, à plus forte raison il y a fin de non, recevoir une demande en cassation contre un Arrest du Grand Conseil intervenu sur une contrarieté d'Arrests de differentes Cours, c'est ce que lesdites Religieuses & le Sieur Joly ont tres-bien établi au Conseil, & que par consequent ledit Reveillon & les adherans à la cassation estoient tous non-recevables en leurs demandes en cassation, & qu'ils en devoient estre deboutez & condamnez chacun en l'amande de 450. livres & en tous les dépens, c'est ce qui a esté jugé par l'Arrest contradictoire du Conseil d'Etat du 31. May 1706. duquel la teneur ensuit.

De l'Imprimerie de D. JOLLET, au bout du Pont S. Michel, au Livre Royal.

EXTRAIT DES REGISTRES
du Conseil d'Etat Privé du Roy.

ENTRE ADRIEN REVEILLON, CONSEILLER DU ROY, Commiſſaire General des Fortifications de Lion, & ſon Donnataire, Demandeur aux fins de ſa Requeſte inſerée en l'Arreſt du Conſeil du 6. Octobre 1704. tendante à la caſſation de l'Arreſt du Grand Conſeil, du 30. Aouſt 1704. & Exploits d'Aſſignations données en conſequence le huit Novembre audit an, d'une part ; les Superieure & Religieuſes du Monaſtere de Sainte Eliſabeth, à Paris, devant le Temple, Deffendereſſes ; Meſſire Henry Joly, Ecuyer-Brigadier des Armées du Roy, Deffendeur ; Damoiſelle Charlotte de Thirel d'Aſſy, fille majeure uſante & jouiſſante de ſes droits, heritiere par benefice d'Inventaire de Meſſire Charles de Thirel, Chevalier Seigneur d'Aſſy, Deffendereſſe aux fins de l'Exploit du 8. Novembre 1704. & Demandereſſe & Adherante à ladite caſſation ; François Dufreſne, Sieur du Cange, Preſident Treſorier General de France au Bureau des Finances de Poitiers ; Jacques Lambert, Chevalier Seigneur Dalleray, & Dame Jeanne Dufreſne, ſon épouſe, & Loüis Dufreſne, Sieur de Fredeval, Conſeiller du Roy, Prevoſt Duqueſne ; Marie-Magdelene de Bonnet de la Moſle, fille & heritiere par benefice d'Inventaire d'Euſtache Bonnet, Baron de la Moſle, Gentilhomme ordinaire de la Maiſon du Roy, lequel eſtoit heritier de Loüis Euſtache, Ignace & Joſeph de Bonnet, ſes enfans, Legataires de Loüis de Bonnet, qui eſtoit donataire du Roy, tous Deffendeurs, d'autre part : Et entre ledit Sieur Joly & leſdites Dames Religieuſes de Sainte Eliſabeth, Demandeurs en Requeſtes verbales, inſerées au Procés verbal du 20. Janvier 1706. d'une part, & leſdits Sieur Reveillon, & Damoiſelle de Thirel, Deffendeurs, d'autre, ſans que les qualitez puiſſent nuire ni préjudicier aux Parties.

VEU AU CONSEIL D'ETAT PRIVE' DU ROY, l'Arreſt rendu en iceluy le 6. Octobre 1704. ſur la Requeſte d'Adrien Reveillon, par laquelle il auroit conclud, à ce qu'il plût à Sa Majeſté, caſſer & annuller l'Arreſt du Grand Conſeil du 30. Aouſt 1704. ordonner que celuy de la Cour des Aydes du 29. May 1702. ſeroit executé, par lequel il eſt ordonné, que les Sieur Jóly, Religieuſes de Sainte Eliſabeth, Charlotte de Thirel, Marie-Magdelene de Bonnet, Jacques Lambert, François & Loüis Dufreſne, ſeront aſſignez aux fins de ladite Requeſte, pour Parties oüies, eſtre ordonné ce qu'il appartiendra par raiſon. Aſſignation donnée en conſequence le 8. Novembre 1704. à ladite Damoiſelle de Thirel, aux Dames Religieuſes de Sainte Eliſabeth, au Sieur Joly, à Damoiſelle Marie-Magdelene de la Moſle, & à Loüis & François Dufreſne, & Jacques Lambert. Requeſte ſur laquelle le Sieur le Guerchois, Conſeiller du Roy en ſes Conſeils, Maiſtre des Requeſtes ordinaire de ſon Hôtel, a eſté commis pour inſtruire & faire le rapport de l'Inſtance du 16. Decembre 1704. Appointement de reglement, entre Adrien Reveillon, & les Superieure & Religieuſes de Sainte Eliſabeth, & le Sieur Henry Joly, ſigné dudit Sr Commiſſaire le 18. Decembre 1704.

A

Procés verbal dudit Sieur Commiſſaire, dudit jour, contenant les compa-
rutions, dires, & requiſitions des Avocats des Parties : enfin duquel eſt
ſon Ordonnance, portant, Que l'Appointement offert de la part du Sieur
Reveillon ſera ſigné ſans que les qualitez puiſſent nuire ni préjudicier
aux Parties. Signification dudit Procés verbal du 22. Decembre 1704.
Autre Procés verbal dudit Sieur Commiſſaire, du 29. Decembre 1704.
enfin duquel eſt ſon Ordonnance, qui declare l'Appointement du 18. dudit mois commun avec Damoiſelle Charlotte de Thirel, & qu'elle ſera
tenuë d'y ſatisfaire dans les délais y portez, & joint à l'Inſtance pendante
au Conſeil entre leſdits Reveillon, Religieuſes de Sainte Eliſabeth, &
le Sieur Joly, pour ſur le tout eſtre fait droit aux Parties conjointement
ou ſeparément, ainſi qu'il appartiendra, ſauf à disjoindre s'il y échet.
Signification du 5. Janvier 1705. Autre ſemblable Procés verbal dudit Sieur
Commiſſaire du 13. Janvier 1705. enfin, duquel eſt ſon Ordonnance, qui
declare l'Appointement du 18. Decembre 1704. commun avec les Sieurs
Dufreſne, & Lambert, & qu'ils ſeront tenus d'y ſatisfaire dans les délais y portez, & joint à l'Inſtance, ſauf à disjoindre. Signification du
21. Janvier 1705. Autre ſemblable Procés verbal du 30. Janvier 1705. qui
declare l'Appointement du 18. Decembre 1704. commun avec Damoiſelle Marie-Magdelene de la Moſle, ordonne qu'elle ſera tenuë d'y ſatisfaire dans les délais y portez, & joint à l'Inſtance, ſauf à disjoindre.
Signification du 6. Fevrier 1705. Avertiſſement dudit Reveillon, ſervant
d'Inventaire du 27. Mars 1705. employé pour ſatisfaire aux Reglemens
Intervenus en l'Inſtance, par lequel il a pris les meſmes Concluſions que
par ſa Requeſte inſerée en l'Arreſt du Conſeil du 6. Octobre 1704. Avertiſſement deſdites Dames Religieuſes de Sainte Eliſabeth, ſervant d'Inventaire du 16. Fevrier 1705. employé pour ſatisfaire aux Reglemens intervenus en l'Inſtance, par lequel elles ont conclud, à ce que ledit Sieur
Reveillon ſoit déclaré non-recevable en ſa demande en caſſation, débouté d'icelle, & condamné, enſemble contre les autres Parties qui ad-
hereront à la meſme caſſation de l'Arreſt du Grand Conſeil, du 30. Aouſt
1704. en l'amende de quatre cens cinquante livres, & aux dépens, & par
leur Requeſte verbale inſerée au Procés verbal du 20. Janvier 1706. elles
ont encore conclud, à ce qu'en cas que le Conſeil fit difficulté de condamner les Sieur & Dame Dufreſne, & Damoiſelle de la Moſle, aux
dépens faits contre eux en l'Inſtance, condamner ledit Sieur Reveillon
& Damoiſelle de Thirel, ſolidairement en tous les dépens faits par leſdites Dames Religieuſes, en l'Inſtance, tant ceux faits contre leſdits
Sieurs & Dame Dufreſne, Damoiſelle de la Moſle, que contre leſdits
Sieur Reveillon, & Damoiſelle de Thirel, & en leurs dommages & intereſts. Avertiſſement dudit Sieur Joly, ſervant d'Inventaire du 18. Mars
1705. & par luy employé pour ſatisfaire aux Reglemens intervenus en
l'Inſtance, par lequel il conclud, à ce que ledit Reveillon fut débouté
de ſa demande en caſſation, & declaré non-recevable & mal fondé en
icelle, & condamné, enſemble les autres Parties qui adhereroient à la
caſſation, en l'amende de quatre cens cinquante livres, & aux dépens,
& par ſa Requeſte verbale inſerée au Procés verbal du 20 Janvier 1706.
il a encore conclud, à ce qu'en cas que le Conſeil fit difficulté de condamner les Sieur & Dame Dufreſne, & la Damoiſelle de la Moſle, aux
dépens qui ont eſté contre eux faits en l'Inſtance, condamner leſdits Reveillon & Charlotte de Thirel, ſolidairement envers ledit Joly, en tous
les dépens par luy faits en l'Inſtance, & en ſes dommages & intereſts.
Avertiſſement de ladite Damoiſelle Thirel d'Aſſy, du 18. Juillet 1705.
par lequel elle a conclud, à ce qu'Acte luy fut donné de ce qu'elle con-

sentoit à son égard, que ledit Arrest du Grand Conseil fut caſſé & an-
nullé, comme eſtant formellement contraire aux Articles 32, 34, 37, &
40. du Titre 35. de l'Ordonnance de 1667. & leſdites Dames Religieuſes
& autres Conteſtans, condamnez aux dépens. Requeſte des Sieurs Dufreſne & Lambert, preſentée au Conſeil le 5. Aouſt 1705. & par eux
employée pour ſatisfaire aux Reglemens intervenus dans l'Inſtance, par
laquelle ils ont demandé Acte de ce qu'ils ſe rapportent au Conſeil, d'ordonner ce qu'il jugera à propos ſur l'Inſtance dont il s'agit, & en conſequence condamner celles des Parties, qui ſuccomberont, en leurs dépens. Signification du treiziéme Aouſt 1705. Requeſte de ladite Damoiſelle de la Moſle, preſentée au Conſeil, le ſixiéme Mars 1705. &
par elle employée pour ſatisfaire aux Reglemens intervenus en l'Inftance, par laquelle elle a demandé Acte de ce que ſans prejudice de
ſes droits au principal, elle conſent que l'Arreſt du grand Conſeil du
30. Aouſt 1704. ſoit caſſé, & ceux qui ſuccomberont condamnez aux
dépens. Requeſte du ſubrogatur du Sieur Quantin de Richebourg,
Conſeiller du Roy en ſes Conſeils, Maiſtre des Requeſtes ordinaire de
ſon Hôtel, & ſignification des onze & douze May 1705. Pieces produites par les Parties, Brevet de don fait par Sa Majeſté à Adrien
Reveillon des biens de Marie & Martin Guillemot du 31. Decembre
1692. Enregiſtrement dudit Brevet en la Chambre du Treſor du 21.
Mars 1693. Sentence de la Chambre du Treſor, qui adjuge au Roy les
biens de Marie & Martin Guillemot par droit d'aubeine, batardiſe,
desherence ou autrement, & qui ordonne l'Enregiſtrement du don cy-
deſſus du 21. Mars 1693. Commiſſion du meſme jour, pour faire ſaiſir
les effets deſdites ſucceſſions de Marie & Martin Guillemot. Lettres
Patentes, portant confirmation dudit don du mois de Mars 1693. à la
charge de payer & acquiter les dettes & charges eſtant ſur leſdits biens
Enregiſtrement d'icelles en la Chambre des Comptes du 7. Aouſt 1693.
Sentence de la Chambre du Treſor, qui en ordonne pareillement l'Enregiſtrement du 30. Juin 1700. Arreſt du Parlement de la cinquiéme
Chambre des Enqueſtes du 19. Juin 1660. d'entre Charles de Thirel
Sieur d'Aſſy demandeur en Lettres de Reſciſion d'une part, & Lambert le Clerc Sieur de Salnauve Executeur teſtamentaire de Marie Guillemot ſa femme deffendeur d'autre; & entre ledit de Thirel appellant
de la ſaiſie réelle & criées d'une maiſon à luy appartenante, ſiſe en la
Ville de Reims & de tout ce qui s'en eſt enſuivi d'une autre part, &
ledit le Clerc Intimé d'autre, par lequel la Cour faiſant droit, tant
ſur leſdites appellations qu'incident de Lettres, a mis & met les Parties hors de Cour & de Procés ſans dépens; pourra neantmoins ledit
le Clerc, employer ceux par luy faits, enſemble les frais dudit Arreſt
en frais extraordinaires de criées, Requeſte imprimée ſervant de Factum
pour les Dames Religieuſes de Sainte Eliſabeth lors de l'Inſtance de
la Cour des Aydes du 29. Aouſt 1701. Arreſt de la Cour des Aydes du
29. May 1702. entre leſdites Parties, par lequel ladite Cour faiſant
droit ſur l'Inſtance & demandes de ladite Charlotte de Tirel, portées
par ſes Requeſtes des 14. Juillet 1682. 14. Juin & 9. Aouſt 1683. 25.
Avril 1684. & 10. May 1702. la receuë & la reçoit oppoſante aux Arreſts de ladite Cour des 14. Avril & 22. Octobre 1670. rendus entre
Henry Jolly & Magdelaine de Tirel & à l'Acte de repriſe faite au Greffe
de ladite Cour par ledit Jolly, au lieu de Jean Jacques & Lambert le
Clerc le 29. Avril 1701. faiſant droit ſur l'oppoſition, a déclaré leſdites Procedures nulles; en conſequence a fait main-levée à ladite Charlotte de Thirel des oppoſitions formées par Lambert le Clerc aux criées

des biens de Claude & Nicolas de Thirel, a déclaré ledit Henry Joly non-recevable en ſes demandes portées par ſes deffenſes & Requeſtes du 14. Juillet 1681. & 14 Juin 1683. & 23. Decembre 1701. & ayant aucunement égard à l'intervention dudit Loüis du Freſne & Conforts, a mis & met l'appellation par eux interjettée de la Sentence du 15. Février 1631. & ce dont a eſté appellé au neànt, émendant, a déchargé ladite Charlotte de Thirel à l'égard dudit Jolly des condamnations prononcées contre Charles de Thirel, a déclaré pareillement les Religieuſes de Sainte Eliſabeth non-recevables en leur intervention & demandes portez par leur Requeſte des 8. May 1697 & 7. Septembre 1701. condamne ledit Jolly en un quart des dépens envers ladite de Tirel, les autres compenſez ceux faits entre toutes les autres Parties compenſez, & avant faire droit ſur les demandes & interventions dudit Euſtache Bonnet de la Molle & Adrien Reveillon portez par leurs Exploits & Requeſtes des 23. May 1691. 1. Juillet 1700. & 21. Avril 1701. enſemble ſur celles de ladite Charlotte de Thirel des 13. & 16. Fevrier 1696. a ordonné que ladite Charlotte de Thirel fera preuve dans trois mois du jour du decés de Martin Guillemot, pour ce fait rapporté, eſtre ordonné ce que de raiſon, & que leſdits de la Molle & Reveillon conteſteront plus amplement en ladite Cour dans ledit temps ſur la preferance des dons faits à chacun d'eux, par le Roy & par eux reſpectivement pretendus. Cahier de Pieces ſignifiées le 31. Decembre 1703. lors de l'Inſtance du Grand Conſeil. Arreſt du Grand Conſeil du 30. Aouſt 1704. par lequel celuy rendu en la Cour des Aydes le 19. May 1701. a eſté déclaré contraire à l'Arreſt du Parlement de Paris du 19. Juin 1660. ce faiſant, ordonne, que l'Arreſt du Parlement ſeroit executé ſelon ſa forme & teneur. Obligation paſſée pardevant Notaires au Chaſtelet de Paris le 6. Avril 1629. par Charles de Thirel Ecuyer Sieur d'Aſſy de la ſomme de douze mille livres au profit de Damoiſelle Marie Guillemot. Sentence du Chaſtelet renduë par deffaut contre Charles de Thirel le 15. Fevrier 1631. qui faute de payement par luy fait de ladite ſomme de douze mille livres portée en ſon Obligation, ordonne qu'il y ſera contraint par corps après les quatre mois paſſez, & aux intereſts. Teſtament de Marie Guillemot du 12. Aouſt 1631. par lequel elle demande d'eſtre inhumée en l'Egliſe des filles de Sainte Eliſabeth, & leur legue la ſomme de quinze cens livres, à prendre en l'Obligation de douze mille livres dûë par Charles de Thirel, & fait pluſieurs autres legs qu'elle veut eſtre pris ſur ladite Obligation; & nommé pour ſon Executeur Teſtamentaire Lambert le Clerc ſon mary. Extrait des Regiſtres mortuaires de Saint Nicolas des Champs du 18. Aouſt 1631. par lequel il paroiſt que ladite Marie Guillemot a eſté inhumée dans l'Egliſe des Religieuſes de Sainte Eliſabeth. Requeſte des Religieuſes de Sainte Eliſabeth preſentée au Lieutenant Civil le 19. Septembre 1631. pour avoir permiſſion de ſaiſir ce qu'elles apprendront appartenir à ladite Guillemot. Commiſſion du Chaſtelet du 19. Septembre 1631. portant permiſſion de ſaiſir entre les mains de Charles de Thirel & autres. Exploit de Saiſie du 10. Novembre 1631. entre les mains dudit Charles de Thirel avec aſſignation. Sentence du Chaſtelet du 17. Decembre 1631. qui repute ledit de Thirel debiteur de ladite Marie Guillemot. Sentence du Chaſtelet du 21. Janvier 1633. renduë au profit de Lambert le Clerc au nom & comme Executeur Teſtamentaire de Marie Guillemot, par laquelle Nicolas de Thirel eſt reputé debiteur de Charles de Thirel ſon frere, & comme tel condamné à payer la ſomme de douze mille livres cauſe de la Saiſie avec les intereſts adjugez

jugez contre ledit Sieur de Thirel d'Affy par la Sentence du 15. Février 1631. Sentence des Requeftes du Palais du 31. Mars 1635. par làquelle fur la preference, il eft ordonné que premierement Maiftre Eftienne Foullé fera payé; enfuite ledit Darque & aprés luy Lambert le Clerc de la fomme de douze mille livres. Extrait du Greffe de la Geolle du Grand Chaftelet du 25. Fevrier 1642. par lequel il paroift que Charles de Thirel y a efté conftitué prifonnier faute de payement de l'Obligation de douze mille livres à la Requefte de Lambert le Clerc; enfuite eft la recommandation faite dudit de Thirel par lefdites Dames Religieufes & Anne Julien le 20. Mars 1642. Requefte dudit de Thirel prefentée au Parlement, afin d'avoir élargiffement de fa perfonne. Ladite Requefte & Signification du 14. Avril 1642. Arreft dudit Parlement du 15. Avril 1642. rendu entre ledit Charles de Thirel demandeur en élargiffement de fa perfonne & Lambert le Clerc, les Religieufes de Sainte Elifabeth & Anne Julien, par lequel la Cour a joint la Requefte dudit de Thirel à l'appel pendant en icelle, & cependant a fait audit de Thirel provifion de fa perfonne à fa caution juratoire. Appointement du 26. Juillet 1642. d'entre lefdites Religieufes de Sainte Elifabeth & Maiftre Georges le Fevre à caufe d'Anne Julien fa femme. Exploit de Saifie réelle du 10. Novembre 1653. fait à la Requefte de Lambert le Clerc Executeur Teftamentaire de Marie Guillemot pour la fomme de douze mille livres portée par l'Obligation du 6. Avril 1629. d'une maifon fife à Reims. Appointement du 22. Novembre 1656. fur l'appel dudit de Thirel de ladite Saifie réelle. Arreft du Parlement du 26. Juin 1657. qui ordonne que le Sieur de Thirel fera tenu de mettre en eftat l'Inftance de preferance dans huitaine, autrement & à faute de ce faire, qu'elle demeurera disjointe & paffé outre au jugement du Procés. Autre Arreft du Parlement du 18. May 1658. qui ordonne aprés que ledit de Thirel a efté dument forclos de produire, tant fur fes appellations que lettres, que les productions dudit le Clerc feront communiquées, pour contre icelles bailler contredits. Arreft du Confeil d'Etat du 28. Juin 1659. par lequel ledit le Clerc & Charles de Thirel font renvoyez en la cinquiéme Chambre des Enqueftes, pour y proceder fur les appellations des Sentences du Chaftelet des 15. Fevrier 1631. 21. Janvier 1633 & Lettres de refcifion du 14. May 1642. & en la Cour des Aydes fur les faifies & criées des biens, mefme des maifons fifes à Reims, fauf audit le Clerc à s'y pourvoir par oppofition. Arreft du Parlement du 15. Juillet 1659. de retention. Arreft de la Cour des Aydes du premier Septembre 1660. de retention. Oppofition de Lambert le Clerc du 12. Janvier 1665. faite au Greffe de la Cour des Aydes aux criées, vente & adjudication par decret des biens & maifons faifies réellement, tant fur Claude que Nicolas de Thirel. Autre femblable oppofition du 7. May 1666. Copie d'Inventaire de production 1682. de Magdelaine de Thirel en une Inftance de la Cour des Aydes. Copie collationnée de Requefte du 11. Mars 1686. de ladite Magdelaine de Thirel produite en ladite Inftance de la Cour des Aydes. Oppofition du 28. Fevrier 1688. formée au Greffe de la Cour des Aydes par Thibault Perdrifet Avocat au Confeil, ayant les droits de la veuve Dalencé & des Dames Religieufes de Sainte Elifabeth, toutes legataires de Marie Guillemot, aux criées, ventes & adjudications par decret des biens faifis réellement fur Nicolas de Thirel. Acte de retroceffion dudit Perdrifet faite aux Dames Religieufes de Sainte Elifabeth, de la fomme de trois mille livres pour laquelle il a formé oppofition aux biens faifis, ledit Acte du 31. Mars 1692. Requefte du 8. May 1697. prefen-

B

tée en la Cour des Aydes, par lefdites Dames Religieufes de Sainte Elifabeth lors de l'Inftance y pendante. Arreft de la Cour des Aydes du 3. Juillet 1699. qui reçoit lefdites Religieufes Parties intervenantes, & leur a donné Acte de leur reprife, & pour y faire droit les a appointées en droit & joint à l'Inftance. Inventaire de Production defdites Dames Religieufes à Sainte Elifabeth lors de l'Inftance de la Cour des Aydes du 4, May 1700. Commiffion du Grand Confeil du 5. Janvier 1703. pour affigner Charlotte de Thirel & autres en contrarieté d'Arreft de la Cour des Aydes du 29. May 1702. & du Parlement du 19. Juin 1660. Affignations données en confequence le 19 Janvier 1703. Factum imprimé & fignifié le 26. Aouft 1704. de la part defdites Religieufes de Sainte Elifabeth, lors de l'Inftance du Grand-Confeil, en contrarieté d'Arreft. Sommation faite par les Dames Religieufes de Sainte Elifabeth au Greffier du Grand-Confeil, de déclarer s'il avoit délivré l'Arreft de ladite Cour du 30. Aouft 1704. lad. fommation du 11. Octobre 1704. Autre fommation du 20. Octobre 1704. faite à Adrien Reveillon, de déclarer s'il a levé ledit Arreft du Grand-Confeil. Sommation du 5. Novembre 1704. faite à la requefte de Charlotte de Tirel, aux Dames Religieufes, de faire fignifier ledit Arreft du Grand Confeil du 30. Aouft 1704. Certificat du Commis en chef du Greffe du Grand-Confeil, du 25. Novembre 1704. portant que l'Arreft dudit Grand-Confeil du 30. Aouft 1704. n'a efté délivré que le dernier Octobre 1704. Certificat du Receveur des Epices de Meffieurs du Grand-Confeil, du 15. Decembre 1704. portant que les Epices de l'Arreft du 30. Aouft 1704. ne luy ont efté payées par les Dames Religieufes que le premier Octobre 1704. Copie fignifiée de Requefte du fieur Reveillon, lors de l'Inftance de la Cour des Aides, pour y eftre reçû partie intervenante, du premier Juillet 1700. Copie collationnée des contredits & falvations du fieur Jolly, contre Adrien Revillon, lors de l'Inftance de la Cour des Aides du 7. Avril 1701. faite par le Greffier du Grand-Confeil, fuivant l'Ordonnance d'iceluy. Autre femblable copie callationnée, d'une Requefte de Charlotte de Thirel de l'Inftance de la Cour des Aides, du 7. Avril 1701. Autre copie collationnée d'une Requefte prefentée à la Cour des Aides par Charlotte de Thirel, du 11. Janvier 1702. Autre femblable copie collationnée de l'Arreft de la Cour des Aides, du 29. May 1702. Procès verbal fait par ledit Greffier Garde-Sac du Grand-Confeil, en vertu d'Ordonnance, portant que les trois pieces cy-deffus ont efté par luy collationnées avec les obfervations y mentionnées, du 5. Decembre 1704. Arreft de la Cour des Aides, du 14 Aouft 1670. d'entre Antoine le Clerc & Henry Jolly d'une part, & Magdelaine de Thirel d'autre, par lequel lefdits le Clerc & Jolly font reçûs oppofans à l'execution des Arrefts des premier & 15. Juillet 1670. & faifant droit fur l'oppofition, ladite Magdelaine de Thirel a efté deboutée de fa demande au principal, fi mieux elle n'aime configner la fomme de douze mille livres. Autre Arreft de la Cour des Aides, du 22. Octobre 1670. qui a fubrogé Henry Jolly & Antoine le Clerc, à la pourfuite de la faifie réelle & criées des biens des fieurs de Thirel. Requefte dudit Jolly du 14. Fevrier 1674. donnée à la Cour des Aides, contre le fieur Verax, Chirurgien ; à ce que faute par luy de repréfenter fes titres de créances, ledit Jolly demeure fubrogé à la pourfuite defdites criées. Dire dudit Jolly contre ledit Verax, tendant aux mêmes fins du 2. Juin 1676. Signification de Lettres d'Etat obtenuës par le fieur Baron de la Molle, faite audit fieur Jolly le 17. Mars 1678. Dire dudit fieur Jolly, en réponfe à la fignification defdites Lettres d'Etat, du 21. Janvier 1679. Arreft par défaut de la Cour des Aides, du 19. Juillet 1680. qui ordonne que dans deux mois pour tous délais, ledit Verax mettra à fin les criées des biens dont est question ; sinon & à faute de ce faire dans ledit temps, ledit sieur Jolly demeurera subrogé purement & simplement à la poursuite d'icelles. Copie de Requeste donnée en la Cour des Aides, le 14. Juillet 1682. par Charlotte de Thirel, tendante à ce qu'il luy fûst permis de faire assigner la veuve & heritiers le Clerc, pour reprendre l'Instance d'opposition ; sinon voir dire, que faute de titres, elle auroit mainlevée de ladite opposition. Exploit d'assignation donné en consequence, le 15. Juillet 1682. Acte d'occuper sur ladite assignation, pour le sieur Jolly, du 15. May 1683. Défenses dudit sieur Jolly sur ladite assignation du 9. Juillet 1683. Autres deffenses dudit Jolly aux mesmes fins du 3. Aoust 1683. Arrest de la Cour des Aydes du 13. Juin 1684. portant que le Sieur Jolly sera tenu de rapporter les pieces justificatives de sa creance, & de justifier de la confusion faite en sa personne des deux qualitez d'heritier de l'Executeur Testamentaire & du Legataire universel de Marie Guillemot, & qu'il a agit en ces deux qualitez. Autre Arrest de la Cour des Aydes du 8. Aoust 1684. portant que sur les demandes des Parties elle verroit les pieces, & que les Parties écriroient & produiroient. Copie du Titre 35. des Requestes Civiles de l'Ordonnance de 1667. Copie signifiée de l'avertissement dudit Jolly lors de l'Instance de la Cour des Aydes du 27. Février 1687. Copie signifiée d'Inventaire des Dames Religieuses de Sainte Elisabeth lors de l'Instance de la Cour des Aydes du 4. May 1700. Copie signifiée des Requestes desdites Religieuses lors de l'Instance de la Cour des Aydes du 26. Janvier 1701. Autre Requeste du   Mars 1701. Autre Requeste du 3. May 1701. Factum imprimé pour les Dames Religieuses de Sainte Elisabeth & ledit Jolly lors de l'Instance du Grand Conseil en contrarieté d'Arrest du 13. Mars 1704 Avertissement desdites Religieuses lors de ladite Instance du Grand Conseil du 29. Juillet 1704. Requeste de production nouvelle du 13. Aoust 1704. Contredits du 22. Aoust 1704. Salvations de contredits du mesme jour. Autre Requeste de production nouvelle du 23. Aoust 1704. Toutes lesdites pieces produites par lesdites Dames Religieuses lors de l'Instance du Grand Conseil. Factum Imprimé par lesdites Dames Religieuses & le sieur Jolly le 26. Aoust 1704. lors de ladite Instance du Grand Conseil. Requeste de production nouvelle des Dames Religieuses & du sieur Jolly lors de ladite Instance du Grand Conseil du 28. Aoust 1704. Cahier de Pieces signifié le 21. Decembre 1703. par le sieur Jolly & Religieuses lors de l'Instance du Grand Conseil. Requeste donnée au Parlement par Lambert le Clerc le 9. May 1642. afin de faire reintegrer Charles de Thirel aux prisons de la Consiergerie, pour la somme de douze mille livres qu'il luy doit. Requeste donnée au Parlement le 19. Fevrier 1658. par ledit Lambert le Clerc, par laquelle il demande estre reçû Partie intervenante en une Instance y pendante, où les sieurs Charles & Claude de Thirel sont demandeurs, afin de restitution de deniers dotaux, comme estant leur creancier. Autre Requeste d'intervention dudit Lambert le Clerc du 3. Juillet 1665. donnée en la Cour des Aydes comme creancier du sieur de Thirel. Requeste de Damoiselle Charlotte de Thirel lors de l'Instance de la Cour des Aydes du 9. Aoust 1683. à ce que les heritiers de Lambert le Clerc fussent tenus de faire cesser la demande en dommages & interests de Magdelaine de Thirel. Deffenses imprimées pour le sieur Jolly lors de l'Instance de la Cour des Aydes du 3. Aoust 1683. Autres deffenses dudit Joly du 9. Juillet 1683. Requeste de Damoiselle Charlotte de Thirel du 25. Avril 1684. lors

de ladite Inſtance de la Cour des Aydes. Trois Sommations faites au ſieur Jolly par ladite de Thirel, de communiquer les Titres de ſa creance, & de juſtifier de la confuſion faite en ſa perſonne d'heritier & de legataire des 15, 19. & 21. Juin 1684. Autre Sommation du premier Juillet 1684. Ecritures & productions des Parties. Dire fourni par leſdites Religieuſes de Sainte Eliſabeth, ſervant de deffenſes & réponſes à la Requeſte de ladite Damoiſelle Marie Magdelaine Bonnet de la Moſle du 6. Mars 1705. au bas eſt la Signification du 11. Avril audit an. Contredits fournis par leſdites Religieuſes de Sainte Eliſabeth, contre la production d'Adrien Reveillon, au bas eſt la ſignification du 11. Avril 1705. Requeſte preſentée au Conſeil, par ledit Henry Joly, par luy employée pour contredits contre la production dudit Reveillon, & contenant production nouvelle de la Piece ci-aprés; au bas de laquelle eſt l'Ordonnance du Conſeil, portant reception de ladite Piece, en donnant copie d'icelle. Acte dudit employ, & ſur le ſurplus, qu'en jugeant ſeroit fait droit, du 22. Avril 1705. ſignifié le meſme jour. Ladite Piece receuë eſt copie collationnée d'une Sentence du Chaſtelet de Paris, renduë entre Eſtienne Cornette & Adrien Reveillon, ſur procedures extraordinaires, le 19. Novembre 1701. par laquelle ledit Reveillon eſt declaré dûment atteint & convaincu d'avoir frappé & maltraité de trois coups de canne, en plein jour, dans la ruë, ledit Cornette, pour reparation dequoy eſt condamné de comparoir en la Chambre du Conſeil, en preſence dudit Cornette, & de ſix perſonnes de ſes parens & amis, tels qu'il voudra choiſir; & là eſtant à genoux, dire & declarer, que par emportement, & comme mal-aviſé, il a maltraité ledit Cornette, dont il luy demande pardon: deffenſes à luy de reſcidiver, ſur plus grande peine; condamné en cent livres d'aumoſne, & en mille livres de reparation civile, dommages & intereſts envers ledit Cornette, & aux dépens du Procés; à laquelle Sentence ledit Reveillon auroit declaré qu'il acquieſſoit, & l'auroit executée le 21. dudit mois de Novembre audit an. Requeſte preſentée au Conſeil par ledit Henry Joly, & par luy employée pour réponſe à la Requeſte de la Damoiſelle de la Moſle, ſignifiée le 6. Mars 1705. avec ce qu'il avoit ci-devant écrit & produit en l'Inſtance: ce faiſant luy adjuger les fins & concluſions par luy priſes en l'Inſtance, avec dépens, s'en rapportant au Conſeil, de condamner ladite Damoiſelle de la Moſle, en l'amende de quatre cens cinquante livres, s'il y a lieu: au bas eſt l'Ordonnance du Conſeil, portant Acte dudit employ; & que ſur le ſurplus il y ſeroit fait droit en jugeant, du 22. Avril 1705. ſignifiée le meſme jour. Contredits fournis par ledit Reveillon, le 28. Juillet 1705. contre les productions dudit Joly, & des Dames Prieure & Religieuſes de Sainte Eliſabeth. Requeſte preſentée au Conſeil par ledit Reveillon, contenant production nouvelle des Pieces ci-aprés; au bas eſt l'Ordonnance du Conſeil, portant reception deſdites Pieces, en donnant copie d'icelles du 31. Juillet 1705. ſignifiée le 4. Aouſt ſuivant. Leſdites Pieces receuës ſont copies ſignifiées d'Arreſts du Grand Conſeil, du 5. Janvier 1703. en forme de Commiſſion obtenuë par Henry Joly, és noms, & les Religieuſes du Monaſtere de Sainte Eliſabeth, il auroit eſté ordonné qu'à la requeſte deſdits Joly & Religieuſes, ladite Charlotte Thirel & autres qu'il appartiendra ſeroient aſſignez au Grand Conſeil, pour voir declarer l'Arreſt de la Cour des Aydes, du 29. May 1702. contraire à celuy du Parlement de Paris, du 19. Juin 1660. ce faiſant, voir ordonner que ledit Arreſt du Parlement ſeroit executé ſelon ſa forme & teneur, & ſe voir condamner aux dépens, & cependant, juſques à ce qu'autrement en ait eſté ordonné par ledit Grand Conſeil; faiſant défenſes aux Parties d'executer leſdits
dits

dits Arrefts de la Cour des Aydes & du Parlement de Paris, circonftances & dépendances ; fe pourvoir ni faire pourfuites ni procedures ailleurs qu'audit Grand Confeil, à peine de nullité, caffation de procedures, quinze cens livres d'amende, dépens, dommages & interefts : au bas eft l'exploit de fignification du 19. dudit mois, avec affignation audit Grand-Confeil à huitaine audit Reveillon, pour proceder aux fins dudit Arreft. Deffenfes fournies par ledit Reveillon audit Grand Confeil, contre ladite demande, le 9. May 1703. par lequel entr'autres chofes, il foûtient qu'il n'y avoit aucune contrarieté entre lefdits deux Arrefts. Inventaire de production fait audit Grand-Confeil par ledit Reveillon fur ladite demande, contenant l'énonciation des pieces par luy produites, & les inductions qu'il tiroit d'icelles. Requefte prefentée audit Grand-Confeil par ledit Reveillon, employée pour contredits contre les productions defdites Religieufes & dudit fieur Jolly, au bas eft la fignification du 29. Aouft 1704. Requefte prefentée au Confeil par ladite Charlotte Tirel, & par elle employée pour contredits contre les productions defdites Dames Religieufes & dudit Jolly, au bas eft l'Ordonnance du Confeil, portant acte de l'employ au furplus en jugeant, du 11. Septembre 1705. fignifiée le 14. dudit mois. Salvations fournies par ledit Jolly contre ledit Reveillon, au bas eft la fignification du 30. Octobre 1705. Contredits fervans auffi de falvations fournies par ledit Jolly, contre ladite Charlotte de Tirel. fignifiée le 6. Novembre 1705. Requefte prefentée au Confeil par lefdites Religieufes de Sainte Elifabeth, & par elles employée pour réponfes & falvations aux contredits dudit Reveillon, & pour contredits contre la production de Charlotte de Tirel ; ce faifant, les debouter de leur demande en caffation, & les condamner en l'amende & aux dépens, au bas eft l'Ordonnance du Confeil, portant acte dudit emploi, au furplus en jugeant du 20. Novembre 1705. fignifiée le même jour. Autre Requefte prefentée au Confeil par lefdites Religieufes de Sainte Elifabeth, par laquelle elles auroient demandé acte de la déclaration faite par les fieur & Dame du Frefne, qu'ils fe raportoient au Confeil d'ordonner ce qu'il lui plairoit fur l'Inftance dont il s'agiffoit ; comme auffi de ce qu'elles employent cette déclaration defdits fieur & Dame du Frefne, pour nouvelles défenfes à la demande en caffation de Reveillon & de ladite Tirel ; ce faifant, les debouter de leur demande en caffation, & les condamner en l'amende & aux dépens, au bas eft l'Ordonnance du Confeil, portant acte dudit emploi, au furplus en jugeant, du 21. Novembre 1705. fignifiée le 23. dudit mois. Autre Requefte defdites Religieufes de Sainte Elifabeth, par elles employée pour réponfes & falvations contre la Requefte de contredits de Charlotte de Tirel, & pour contredits contre la production nouvelle de Reveillon, du 4. Aouft 1705. & pour plus amples moyens & défenfes contre la caffation, au bas eft l'Ordonnance du Confeil portant acte dudit employ, au furplus en jugeant, du 24 Novembre 1705. fignifiée le 25. du même mois. Autre Requefte defdites Religieufes de Sainte Elifabeth, par elles employée pour plus amples moyens & défenfes contre la demande en caffation ; & contenant auffi production nouvelle des pieces fuivantes, au bas eft l'Ordonnance du Confeil, portant reception defdites pieces, en donnant copie d'icelles. Acte de l'employ au furplus en jugeant, du 27. Novembre 1705. enfuite eft l'acte de baillé copie defdites pieces, & la fignification du premier Decembre 1705 Lefdites pieces font copies collationnées d'Arreft de la Chambre de l'Edit du Parlement de Grenoble, du 14. Aouft 1619. rendu entre Damoifelle Catherine de Triolet, veuve Gabriel de Morge d'une part, & François Didier, fieur de Plu-

C

vianne, & Pierre Pascal Marchand, d'autre part ; par lequel Arrest les
parties sont renvoyées à se pourvoir en la Seconde Chambre dudit Parlement, pour leur estre pourvû suivant les derniers erremens. Autre
copie collationnée d'Arrest du Parlement de Paris, du 9. Aoust 1689.
rendu entre Jeanne de Morge, Dame du Chafaut, Demanderesse d'une
part, & Messire Jean le Vacher, Seigneur de Calbois & autres lieux,
d'autre, par lequel ladite Cour avant faire droit sur les demandes de ladite de Morge, & autres y énoncées audit Arrest, ordonne que les parties contesteront plus amplement, & entant que touche l'appel interjetté
par ladite de Chafaut de la Sentence du 8. Septembre 1661. met l'appellation & ce dont a esté appellé au néant ; émendant, ayant aucunement égard à la Requeste de ladite de Chaffaut, du 6. Juillet 1688. condamne le nommé de la Croix de Cheuvieres à luy payer la somme de
quatorze mille cinq cens livres, pour le prix de l'adjudication faite au
défunt sieur de Cheuvieres son pere, d'une maison sise audit Grenoble,
ruë Chevoise, à ce faire le Greffier dépositaire, contraint par corps ; ce
faisant déchargé, déboute ladite de Chaffaut & le nommé Pascal du
Roure, de leurs demandes afin de payement des interests de ladite somme de quatorze mille cinq cens vingt-deux livres. Autre copie collationnée d'Arrest du Grand-Conseil, du vingt-sixiéme Septembre 1690.
rendu entre Alexandre Pascal, Seigneur de Moyrins & du Roure, és
noms, & Dame Jeanne de Morges de Chafault, d'autre part, par lequel
Arrest ledit Grand-Conseil a déclaré l'Arrest du Parlement de Paris,
du 9. Aoust 1689. contraire à celuy de la Chambre de l'Edit de Dauphiné du 14 Aoust 1619. au chef de la preferance donnée à ladite de
Morges du Chafault sur ledit Pascal, à ladite du Vache ; & en consequence, sans avoir égard audit Arrest du Parlement de Paris audit chef,
a ordonné que ledit Arrest de la Chambre de l'Edit de Dauphiné, seroit executé selon sa forme & teneur, condamne ladite de Morges du
Chafault aux dépens desdits Pascal & du Vache chacun à leur égard.
Autre copie collationnée d'Arrest du Conseil, du 4. Juin 1698. rendu
entre Dame Marie Jeanne de Morges, veuve Charles de la Bara, Sieur
de Chafault, Demanderesse en évocation, d'une part, & Dame Fran-
çoise de Morges, veuve Alexandre de Pascal, Sieur du Roure, vivant
Conseiller au Parlement de Grenoble, & Dame Gabrielle du Vache de
Calbour, épouse du Sieur Marquis de la Pierre, d'autre ; par lequel,
faisant droit sur le tout, sa Majesté a mis les parties hors de Cour & de
procés, sur la demande en cassation de l'Arrest du Grand-Conseil, du
26. Septembre 1690. sans amende, & renvoyé les parties en l'une des Cham-
bres des Enquestes du Parlement de Paris, autre que la Seconde, dont les
parties conviendroient pardevant le Raporteur dudit Arrest, à laquelle sa
Majesté attribuë toutes Cours, Jurisdictions & connoissance, & icelle inter-
dit à toutes ses autres Cours & Juges, pour proceder en ladite Chambre sur
leurs procés & differens, en execution des Arrests de la Chambre de
l'Edit de Grenoble, du 14 Aoust 1679. & du Grand-Conseil du 26. Septembre 1690. suivant les derniers erremens, & comme elles auroient pû
faire avant les pour suites, procedures & saisies faites à la requeste dudit feu sieur Pascal du Roure, de l'autorité dudit Parlement de Grenoble, & Ordonnance du Bailly de Gresiandan, és mains des Fermiers
& debiteurs de ladite Dame de Morge, veuve du Chafaut, lesquelles
sa Majesté a cassé & anullé, comme faite depuis & au préjudice de la
signification de la cedule évocatoire de ladite Dame de Morge du Chafaut, du 15. May 1691. desquelles saisies sa Majesté luy a fait mainlevée ;
ordonne sadite Majesté, que la mainlevée provisoire de la personne du

nommé Dupuis, Jardinier de ladite Dame de Morge du Chafaut, demeurera difinitive, & que fon écrou fera rayé & biffé fur le Regiftre de la geolle des prifons où il a efté detenu, tous dépens dommages & interefts refpectivement compenfez ; enfuite eft la Commiffion expediée fur ledit Arreft. Requefte préfentée au Confeil par lefdites Religieufes de Sainte Elifabeth, contenant production nouvelle des Pieces ci-aprés, au bas eft l'Ordonnance du Confeil, portant reception defdites Pieces, du 2. Decembre 1705. Acte de bailler copie d'icelles, & la fignification du même jour. Lefdites Pieces font imprimés de Declaration du Roy du mois de Septembre 1552. par laquelle entre autres chofes Sa Majefté auroit ordonné, que les Procés meûs & à mouvoir, pour raifon des contrarietez & nullitez qui pourroient eftre faites par les Cours Souveraines ou Juges en dernier Reffort, leurs circonftances & dépendances feroient jugées, terminées & décidées audit Grand Confeil, auquel Sa Majefté en a attribué la connoiffance. Expedition délivrée au Grand Confeil, de lettres patentes du 9. Aouft 1557. regiftrées audit Grand Confeil, par lefquelles entre autres chofes, il eft dit, que toutes nullitez & contrarietez d'Arrefts donnez en deux diverfes Cours de Parlemens, feront jugez, décidez & terminez audit Grand Confeil, auquel, & non ailleurs, les Parties fe pourront fur ce pourvoir. Requefte préfentée au Confeil par ledit Henry Joly, contenant production nouvelle des Pieces ci-aprés, au bas eft l'Ordonnance du Confeil, portant reception des Pieces, en donnant copie d'icelles, au furplus en jugeant du 4 Decembre 1705. fignifiée le mefme jour. Acte de bailler copie defdites Pieces, dudit jour 4. Decembre audit an. Lefdites Pieces font Requefte préfentée à la Cour des Aydes, par Antoine le Clerc, Sieur de Salnauve, & Henry Joly, és noms, par laquelle ils auroient demandé la pourfuite des criées des Terres & Seigneuries de Prain, Maifon rouge & autres, au bas eft l'Ordonnance de viennent, & la fignification du 19. Septembre 1670. Coppie fignifiée de deffenfes fournies par Jacques Favier, Sieur du Boullay, contre ladite demande du 23 dudit mois. Imprimé d'Arreft d'ordre defdites Terres & Seigneuries, intervenu en ladite Cour des Aydes le 7. Aouft 1697. Acte de reprife reïterée & fait par ledit Joly, és noms, au lieu de Jean & Jacques le Clerc, Executeur teftamentaire, & Legataire de Marie Guillemot, au jour de fon decés femme dudit Lambert le Clerc, du Procés, & Inftance produit en ladite Cour. Copie fignifié d'Avertiffement en droit, donné par ladite Tirel, le 27. Fevrier 1687. par lequel elle y auroit conclud à eftre receuë oppofante à l'Acte de reprife, fait par ledit Joly, des pourfuites de Lambert le Clerc, aux oppofitions que Lambert le Clerc avoit formées au Decret des immeubles, tant de Claude que de Charles de Tirel, ayeul paternel & pere de ladite Charlotte, qui fe pourfuivoient en ladite Cour des Aydes, aux Arrefts paffez d'intelligence en l'année 1670. par ledit Joly, avec Dame Magdelaine de Tirel, époufe du Sieur Baron de la Mofle, & à toute la procedure, faifant droit fur l'oppofition, faire plaine & entiere mainlevée de toutes les oppofitions formées au Decret, declarer toute la procedure nulle, & luy non recevable & mal fondé en fa demande incidente, le condamner aux dommages, interefts & en tous les dépens. Autre Avertiffement du mefme jour, fourni par ledit Joly, par lequel il auroit conclud, à ce qu'en déboutant les Damoifelles Charlotte & Marie Tirel de leur Requefte, & faifant droit fur fa demande incidente, declarer contre elles les Obligations des 6. Avril 1629. Sentence de condamnation d'interefts du 15. Fevrier 1631. executoire tout ainfi qu'elles eftoient contre feu Charles Tirel leur pere, & les condamner au payement du principal

& des interefts, & aux dépens. Inventaire de production faite en ladite
Cour des Aydes par ledit Joly, contenant les inductions des Pieces par
luy produites fur lefdites conteftations. Requefte prefentée au Confeil
par François Dufrefne, Sieur Ducange, Prefident Treforier General de
France au Bureau des Finances de Poitiers, Jacques Lambert & autres,
& par eux employez pour réponfes, à la requefte defdites Dames Religieufes de Sainte Elifabeth, du 23. Novembre 1705. & qu'Acte leur fut
donné de ce qu'ils perfiftoient dans les conclufions par eux ci-devant
prifes ; au bas eft l'Ordonnance du Confeil, portant Acte dudit employ
du quatriéme Decembre mil fept cens cinq, fignifiée le cinq dudit mois.
Autre Requefte prefentée au Confeil par ledit Joli à ce qu'acte luy fut
donné de la declaration faite par les Sieur & Dame Dufrefne, par leur
Requefte du 13. Aouft 1705. qu'ils fe rapportoient au Confeil d'ordonner ce qu'il luy plairoit fur l'Inftance & contenant auffi production nouvelle de la piece cy-aprés. Au bas eft l'Ordonnance du Confeil portant
reception de ladite piece, en donnant copie d'icelle pour y fournir de
contredits dans le temps du Reglement, & au furplus en jugeant du
7. Decembre 1705. fignifiée le mefme jour, ladite piece receuë eft copie fignifié d'une Requefte prefentée à la Cour des Aydes par Loüis François & Jeanne Dufrefne, par laquelle ils demandent acte de ce qu'en tant
que befoin eft ou feroit, ils fe rendent incidemment appellants de la Sentence du 15. Fevrier 1631. & de ce que pour tous moyens d'appel, écritures & productions ils employoient ladite Requefte, & en confequence
procedant au jugement de l'Inftance mettre l'appellation & ce dont
avoit efté app.llé au neant, emandant débouter ledit Sieur Joli de fes
demandes, & le condamner en tous les dépens. Acte de baillé copie de
ladite piece du mefme jour 7. Decembre 1705. Imprimé de Factum pour
lefdites Religieufes fignifié le 17. dudit mois de Decembre. Requefte
prefentée au Confeil par Marie Magdeleine de Bonnet de la Mofle heritiere par benefice d'Inventaire d'Euftache de Bonnet Baron de la Mofle
lequel eftoit heritier de Loüis Euftache, Euftache Ignace & Jofeph Euftache de Bonnet fes enfans qui eftoient legataires de Loüis de Bonnet,
lequel eftoit donataire de Sa Majefté, des biens qui ont appartenu à
Marie & Martin Guillemot employée pour reponfe aux écritures des
Religieufes de Sainte Elifabeth & du Sieur Joli, avec ce qu'elle a dit &
écrit dans l'Inftance, au bas eft l'Ordonnance du Confeil portant acte
dudit employ au furplus en jugeant du 24. Decembre 1705. fignifiée le
29. dudit mois Requefte prefentée au Confeil par ledit Joli, & par luy
employée pour fatisfaire de fa part au reglement intervenu en l'Inftance le 20. Janvier 1706. enfemble un cahier de copies & de pieces qui luy
a efté fignifiée de la part dudit Reveillon le 18. Fevrier 1705, ce faifant
luy adjuger les fins & conclufions par luy prifes, & en cas que Sa Majefté fift difficulté de condamner les Sieur & Dame Dufrefne & la Damoifelle de la Mofle aux dépens faits contre eux en l'Inftance, condamner
lefdits Reveillon & Charlotte de Tirel folidairement en tous les dépens
faits par ledit Joli en l'Inftance, tant contre lefdits Sieur & Dame Dufrefne & la Damoifelle de la Mofle, que contre lefdits Reveillon & Tirel enfemble en l'amende & aux dommages & interefts, au bas eft l'Ordonnance du Confeil du 6. Fevrier 1706. portant acte dudit employ au
furplus en jugeant, enfuite font les fignifications des 8. & 10. dudit mois
de Fevrier. Acte dudit jour 10. Fevrier par lequel ledit Joli declare que
pour fatisfaire audit reglement il a remis ladite Requefte és mains du
Sieur Rapporteur de l'Inftance, fommant de faire le femblable. Autre
acte fignifié à la requefte de ladite Damoifelle de la Mofle aufdites Religieufes

ligieuses de Sainte Elisabeth & autres parties de l'Instance, par lequel elle declare que pour toutes écritures & production pour satisfaire audit reglement elle employe ledit acte. Autre Requeste presentée au Conseil par lesdites Religieuses de Sainte Elisabeth par elles employée pour satisfaire audit Reglement du 20. Janvier, contenant production nouvelle de la piece cy-aprés, & faisant droit sur l'Instance en leur adjugeant leurs conclusions condamner Reveillon & Charlotte de Tirel solidairement en l'amende & en tous les dépens, au bas est l'Ordonnance du Conseil portant acte dudit employ, reception de ladite piece au surplus en jugeant du 26. Fevrier 1706. au bas est l'acte de baillé copie de ladite piece & la signification, ladite piece receuë est copie d'un Arrest du Conseil du 28. Juin 1659. cy devant énoncé. Requeste presentée au Conseil par ledit Reveillon & par luy employé pour satisfaire de sa part au reglement du 20. Janvier 1706. avec les Pieces y énoncées & jointes, au bas est l'Ordonnance du Conseil portant acte dudit employ au surplus en jugeant du 13. Fevrier 1706. signifiée le 19. dudit mois. Dire fourni par ledit Joli le 3. Mars 1706. & par luy employé pour réponse à la Requeste dudit Reveillon du dix-neuf dudit mois de Fevrier. Requeste presentée au Conseil par lesdites Religieuses de Sainte Elisabeth & par elles employée pour salvations & réponses à la Requeste de Reveillon dudit jour 19. Fevrier, contenant production nouvelle de la piece cy-aprés, au bas est l'Ordonnance du Conseil du 3. Mars 1706. portant acte dudit employ, reception de ladite piece en donnant copie d'icelle au surplus en jugeant, ensuite est l'Acte de baillé copie de ladite piece & la signification dudit jour 3. Mars, ladite piece receuë est copie signée de la ville du Portault, d'un Arrest du Conseil du 21. Octobre 1705. rendu entre Jean Severat bourgeois du lieu de Royne-Courbe demandeur en reglement de Juges d'entre le Parlement de Toulouze & la Cour des Aydes de Montpelier d'une part & Maistre Jean Jacques Severat Avocat au Parlement de Toulouze & entre Jacques Severat Bourgeois de la Crouzette Deffendeur d'autre, par lequel Arrest ledit Jean Jacques de Severat a esté débouté de ses lettres en reglement de Juges, & en consequence a esté ordonné que les parties procederoient au Parlement de Toulouze sur leurs procés & differens, circonstances & dépendances, suivant les derniers erremens lesdits Jean & Jacques de Severat condamnez solidairement aux dépens. Imprimé de memoire en forme de Factum fourni par ledit Joly, au bas duquel est l'Acte de baillé copie d'iceluy, & la signification du 4. Mars audit an 1706 Requeste presentée au Conseil par ledit Reveillon, & par luy employée pour réponse à neuf Requestes du Sieur Joly, & desdites Religieuses, y compris leurs Factums des 30. Octobre, 23 & 25. Novembre, 1. 2. 4. 7. & 17. Decembre 1705. & pour plus amples moyens de cassation, & contenant production nouvelle des Pieces ci-aprés; au bas est l'Ordonnance du Conseil, portant Acte dudit employ, lesdites Pieces receuës & communiquées par copie, pour y fournir de contredits dans le temps du Reglement, au surplus en jugeant, du 25. Fevrier 1706. signifiée le 8. Mars, lesdites Pieces receuës sont copies non signées de l'Ordonnance ou Edit de Chantelou, du mois de Mars 1545. par lequel entre autres choses, il est porté qu'à l'avenir nul ne sera receu à contrevenir aux Arrests des Cours de Parlement, & autres Cours Souveraines, par voyes de nullité & contrarieté d'Arrests, mais se pourvoiront par proposition d'erreur, en gardant les solemnitez requises par les Ordonnances, & neanmoins il est ordonné, que où il y auroit au Grand Conseil aucuns Procés pendant & indécis pour raison de nullité ou contrarieté d'Arrest, pretenduës par les Parties, qu'ils

D

foient renvoyées efdites Cours, où ils auront efté jugés, & lefquels
y font renvoyées par ledit Edit. Imprimez d'Arrefts du Confeil d'Etat,
& du Grand Confeil, concernant la Jurifdiction des Officiers du Châ-
telet, & enparticulier du LieutenantCriminel deRobe courte, les 31 Mars,
23. Avril, 15. Juin & dernier Aouft 1705. Requefte prefentée au Confeil
par ladite Charlotte de Tirel, & par elle employée pour fatisfaire au
Reglement dudit jour 20. Janvier 1706. avec les Piecès énoncez en ladite Requefte, au bas de laquelle eft l'Ordonnance du Confeil, portant
Acte dudit employ, au furplus en jugeant, du 8. Mars audit an 1706.
fignifiée le 12. enfuivant. Autre Requefte prefentée au Confeil par ladite de Tirel, & par elle employée pour réponfe aux contredits & Requefte dudit Joly, & des Dames Religieufes de Sainte Elifabeth, des6.
20. & 25. Novembre, 1. 2. 4. & 7. Decembre, & contenant production
nouvelle des Pieces ci-aprés, au bas eft l'Ordonnance, portant Acte dudit employ, lefdites Pieces receuës & communiquées par copie, pour y
fournir de contredits dans le temps du Reglement, au furplus en jugeant, du 11. Mars 1706. fignifiée le 13. dudit mois, lefdites Pieces receuës font dire fourni à la Cour des Aydes par ladite Damoifelle de Thirel
contre lefdites Religieufes de Sainte Elifabeth du 20. Juin 1698. Arreft
du Confeil du 15. Juin 1695. rendu entre ladite Charlotte Thirel De-
mandereffe en reglement de Juges entre la Cour des Aydes & la Cham-
du trefor d'une part & ledit Jolli & Meffire Euftache Bonnet Baron de la
Mofle és noms d'autre, par lequel les parties font renvoyées en ladite
Cour des Aydes de Paris pour y proceder fur leurs procés & differens,
circonftances & dépendances fuivant les derniers erremens, ledit
Bonnet condamné aux dépens envers lefdits Thirel & Jolli, au bas eft
la fignification dudit Arreft du 12. Septembre audit an, copie d'Arreft
de ladite Cour des Aydes du 10. Juillet 1681. rendu entré Claude Verax és noms d'une part & Damoifelle Charlotte & Marie de Thirel auffi
és noms d'autre part, par lequel ledit Verax défaillant eft débouté de fes
demande, & lefdits de Thirel receuës oppofantes à un Arreft de fubro-
gation y mentionné, copie fignifiée d'autre Arreft de ladite Cour des
Aydes du 14. Aouft 1681. rendu entre les mefmes parties qui déboute ledit Verax de l'oppofition par luy formée au precedent Arreft, & le condamne aux dépens. Copie fignée, Farcette d'autre Arreft de ladite Cour
des Aydes rendu entre Magdelaine de Thirel époufe d'Euftache de Bonnet Seigneur, Baron de la Mofle, Gentilhomme ordinaire de la Maifon
du Roy és noms d'une part, Charlotte & Marie de Thirel auffi és noms
Deffendereffe d'autre, par lequel ladite Magdelaine de Thirel a efté dé-
boutée de fes avant faire droit fur celles de
Charlotte & Marie de Thirel les parties feront diligence de faire juger
l'appel d'une Sentence arbitrale du 8. Juin 1630. & lettres de Récifion
obtenuës par Charlotte de Thirel pendant en la premiere des Enqueftes
du Parlement de Paris, & cependant permis à ladite Charlotte de Thirel
de faire preuve des degradations, abatis & ventes de bois de haute fu-
taye prétenduës faites par ladite Magdelaine de Thirel dans les terres de
la maifon Rouge d'Affy, Depuis au préjudice de la faifie réelle de ladite Terre Copie d'un extrait fignné Remonneau d'un extrait d'autre Arreft de ladite Cour des Aydes rendu entre les mefmes parties, portant
entre autres chofes condamnation à l'encontre dudit Verax & de ladite
Magdelaine de Thirel de la fomme de fept mille cinq cens livres au profit de ladite Charlotte de Thirel, à laquelle a efté liquidé les dommages
& interefts de ladite Charlotte à caufe de la non jouiffance de la maifon
fituée à Reims & dégradations d'icelle. Imprimé de contredits, falvations

& réponses pour lesdits Jolli & Damoiselle d'Assy fourni à ladite Cour des Aydes le 13. Juin 1701. Requeste presentée au Conseil par lesdites Religieuses de Sainte Elisabeth, & par elles employée pour salvations & réponses à la Requeste de ladite Charlotte de Thirel du 8. Mars 1706. au bas est l'Ordonnance du Conseil du 22. dudit mois de Mars portant acte dudit employ au surplus en jugeant signifié le 23. dudit mois. Dire desdites Religieuses du 24. du mesme mois de Mars audit an 1706. employé pour réponse à la Requeste de ladite Charlotte de Thirel du 12. dudit mois de Mars. Requeste presentée au Conseil par ledit Jolli & par luy employée pour réponses aux trois Requestes, & pour contredits contre les pieces produites par lesdites Requestes, desdits Reveillon & Charlotte de Tirel des 8. 12. & 13. Mars 1706. & contenant aussi production nouvelle des pieces cy après, au bas est l'Ordonnance du Conseil du 30. Mars 1706. portant acte dudit employ, lesdites pieces receuës & communiquées par copies pour y fournir de contredits dans le temps du Reglement signifié le 3. Avril suivant Acte de baillé copie desdites pieces du mesme jour lesdites pieces receuës sont copies signées de Rouvroy Avocat d'une Requeste presentée à la Cour des Aydes par ledit Jolli, tendante à ce que pour les causes y contenuës, il luy fut donné acte de ce qu'entant que de besoin seroit il restraignoit sa demande à la somme de dix mille cinq cens livres & interests à compter du 15. Fevrier 1631. sçavoir six mille livres comme heritiers de Jean le Clerc son ayeul à prendre sur l'obligation de douze mille & quinze cens livres aussi comme heritier de Jean, heritier   de Jacques son fils & trois mille livres, comme ayant esté ledit Jean legataire universel du surplus des meubles de Marie Guillemot, au bas est l'Ordonnance de ladite Cour portant reglement à deffendre, produire & contredire dans trois jours & joint, signifiée le 23. Decembre 1701. Arrest du Grand Conseil rendu entre ledit Joly, ladite Charlotte de Thirel & ledit Reveillon le 8. Juin 1703. portant que sans s'arrester aux oppositions l'obligation dont estoit question seroit apportée dans trois jours au Greffe dudit Grand Conseil, au dos est l'exploit de signification dudit Arrest du 20. Juin 1703. avec commandement d'y satisfaire. Acte de baillé copie dudit Arrest par le Procureur dudit Reveillon à celuy dudit Joly du 12. Juin 1703. Autre Requeste presentée au Conseil par lesdites Religieuses contenant production nouvelle de la piece ci-après, au bas est l'Ordonnance du Conseil du 14 Avril 1706. portant reception de ladite piece en donnant copie d'icelle pour y fournir de contredits dans le temps du Reglement au surplus en jugeant, au bas est l'acte de baillé copie de ladite piece receuë & la signification du mesme jour 14. dudit mois d'Avril, ladite piece receuë est copie signifiée d'une Requeste presentée à ladite Cour des Aydes par ladite Charlotte de Thirel d'Assy le treize May mil sept cens deux, & par elle employée pour contredits contre une production nouvelle du mesme jour, dans l'énoncé de laquelle Requeste ladite Charlotte de Thirel auroit entre autres choses allegué que supposé que les legataires pussent se servir des poursuites de Lambert le Clerc, il faudroit qu'ils eussent aussi-bien que les Donataires du Roy repris en son lieu les poursuites qu'il a faites, mais personne n'ayant fait de reprise au lieu dudit Lambert le Clerc ils sont tous non recevables. Autre Requeste presentée au Conseil par lesdites Religieuses & par elles employée pour réponses & salvations aux Requestes de production nouvelle desdits Reveillon & Charlotte de Thirel du 10. & 13. Mars 1706. au bas est l'Ordonnance du Conseil portant acte dudit employ au surplus en jugeant est la signification des 7 & 8. Avril 1706. & generalement tout ce qui a eſté dit, mis, écrit & produit par leſdites parties par devers le Sieur Quentin de Richebourg Conſeiller du Roy en ſes Conſeils, Maiſtre des Requeſtes ordinaire de ſon Hoſtel Commiſſaire à ce deputé. OUY ſon rapport aprés en avoir communiqué au Bureau du Sieur le Pelletier Conſeiller d'Etat ordinaire auſſi Commiſſaire à ce députe : Et tout conſideré.

LE ROY EN SON CONSEIL, faiſant droit ſur l'Inſtance, a débouté & déboute ledit Reveillon, de ſa demande en caſſation de l'Arreſt contradictoire du Grand Conſeil du 30. Aouſt 1704. & lad. Charlotte de Tirel de ſes fins & demandes, les a condamnez & condamne chacun en l'amende de quatre cens cinquante liv. & en tous les dépens envers leſd. Religieuſes de Sainte Eliſabeth, & ledit Joly ; ceux faits entre leſdits Reveillon, Charlotte de Tirel, les Dufreſne, Lambert, & Marie-Magdeleine de la Moſle, compenſez. Fait au Conſeil d'Etat Privé du Roy, tenu à Verſailles, le trente-un May mil ſept cens ſix. Collationné, Signé, DUBUC.

LOUIS PAR LA GRACE DE DIEU ROY DE FRANCE ET DE NAVARRE. Au premier noſtre Huiſſier ou Sergent ſur ce requis Nous ce mandons & commandons que l'Arreſt cy attaché ſous le contreſcel de noſtre Chancellerie ce jourd'huy rendu en noſtre Conſeil d'Etat Privé entre les parties y nommées, tu leur ſignifie iceluy à ce qu'elles ne l'ignorent, & ayent à y obéïr & ſatisfaire, & faits pour ſon entiere execution enſemble pour raiſon de la part de l'amende qui revient à nos bien amées les Dames Superieure & Religieuſes du Monaſtere de Sainte Eliſabeth à Paris devant le Temple ; le tout à la requeſte deſdites Dames Religieuſes tous actes de juſtice requis & neceſſaires, de ce faire te donnons pouvoir, ſans pour ce demander autre permiſſion ni pareatis ; car tel eſt noſtre plaiſir. DONNE' à Verſailles le trente-un May, l'an de grace mil ſept cens ſix, & de noſtre regne le ſoixante-quatriéme. Par le Roy en ſon Conſeil. Signé DUBUC ſon paraphe, & ſcellé en queüe d'un grand ſceau de cire jaune. Contreſcellé.

www.ingramcontent.com/pod-product-compliance
Lightning Source LLC
Chambersburg PA
CBHW070207200326
41520CB00018B/5538